DISCOURS D'INTRODUCTION

A L'OUVRAGE,

MONSTRUOSITÉS HUMAINES (1),

FORMANT LE DEUXIÈME TOME DE LA PHILOSOPHIE ANATOMIQUE;

Par M. GEOFFROY-SAINT-HILAIRE.

JE croyais avoir suffisamment établi, dans le Discours préliminaire du premier volume, que les rapports des êtres, l'analogie de leurs organes, et les connexions invariables de leurs parties, étaient des effets nécessaires. J'ai donc été très-étonné d'apprendre que d'excellens esprits, même parmi les savans qui m'honorent d'une grande bienveillance, n'adoptaient ces vues qu'avec de certaines restrictions. Que mes idées eussent été rejetées en totalité, cela m'eût surpris beaucoup moins, ou même aucunement.

---

(1) Ouvrage contenant une classification des monstres; la description et la comparaison des principaux genres; une histoire raisonnée des phénomènes de la monstruosité et des faits primitifs qui la produisent; des vues nouvelles touchant la nutrition du fœtus et d'autres circonstances de son développement; et la détermination des diverses parties de l'organe sexuel, pour en démontrer l'unité de-composition, non-seulement chez les monstres, où l'altération des formes rend cet organe méconnaissable, mais dans les deux sexes, et, de plus, chez les oiseaux et chez les mammifères. In-8° de 600 pages, avec atlas; chez l'Auteur, au Jardin du Roi.

Ainsi le célèbre docteur Leach (1) signale en Angleterre « ma *Philosophie anatomique* « comme un premier exemple bon à imiter, « en ce que, dit-il, ce livre ouvre une route « vaste et nouvelle, pouvant seule et nécessai- « rement conduire à une connaissance réelle « de la véritable anatomie comparée » : et M. le professeur Frédéric Meckel (2), en Alle-magne, tient les propositions générales de mon ouvrage pour si évidentes, qu'il les sup-pose imaginées depuis long-temps (3), et qu'il les croit adoptées du plus grand nombre des anatomistes.

Toutefois ces deux savans paraissent peu après céder à un autre entraînement : ils se laissent surprendre par quelques détails auxquels ils trouvent finalement le caractère de sérieuses objections. Celui-là réforme quel-ques-unes de mes déterminations en conser-vant encore ma nomenclature, dont il lui faut alors changer la signification ; et celui-ci

---

(1) *Comparative Anatomy*. Annals of philosophy bi Th. Thompson, D. M. n° 92, p. 102 (1820).

(2) Dans la préface de son nouveau *Traité d'Anatomie comparée*, publié l'année dernière.

(3) Voyez, sur la priorité de ces idées, la note de la page 445.

appelle le principe des connexions « une *loi*
« que suit la nature avec une affectation *pé-*
« *dantesque* », et remarque presque aussitôt
que cette loi n'est pas suivie dans un grand
nombre de cas. J'ai consacré le paragraphe de
la page 434 à une discussion de ces idées con-
tradictoires.

Si l'ordre de l'univers ne tient pas à un eu-
chaînement de causes et d'effets ; s'il ne faut
considérer les animaux répandus sur le globe
que comme des parties isolées les unes des
autres, nous n'aurons pas beaucoup de chemin
à faire pour rétrograder et pour en revenir à
l'ancienne manière d'étudier l'histoire naturelle. Il n'y a pas encore trente ans qu'on fai-
sait consister la zoologie dans l'observation de
certaines parties, comme dents, doigts, rayons
de nageoires, articles de tarse, etc.; parties
privilégiées par l'attention exclusive dont elles
étaient le sujet. On n'admettait de rapports
que tout juste ceux nécessaires pour établir
un bon caractère spécifique : car ce qu'on se
proposait, c'était d'introduire dans le grand
catalogue des êtres les animaux nouvellement
découverts ; et tout semblait dit en effet à
leur égard, si l'on avait bien inventé leur nom

et bien composé leur phrase descriptive ou caractéristique.

Que fait de moins un bibliothécaire qui se borne à juger du format, et à lire le frontispice d'un nouveau livre qu'on lui adresse : il en sait alors assez, pour mettre cette nouvelle production à la place voulue par son système de classification.

Le bibliothécaire qui range ses livres, et le naturaliste qui classe ses animaux en sont au même point : ils ont beau répéter les mêmes actes à chaque nouveauté qu'ils reçoivent, ils n'en apprennent pas davantage sur le fond des choses. Mais cependant l'histoire philosophique des conceptions de l'esprit humain sera dévoilée au premier, comme l'histoire philosophique des phénomènes de l'organisation le sera au second, si le bibliothécaire est en même temps un littérateur instruit et judicieux, ou si le naturaliste est également un physiologiste ayant et beaucoup vu et beaucoup comparé.

Admettre le retour continuel des mêmes parties, au point d'y voir une tendance formelle ou une *loi* de la nature ; puis montrer que cela n'est pas, en le prouvant par beaucoup de citations, c'est se placer entre l'ancienne et la nouvelle écoles; c'est s'arrêter à la moitié du voyage. Ainsi de nombreux travaux vous avaient donné une pleine conviction de la réalité de cette loi, et vous l'infirmez pour quelques considérations qui vous portent au doute. Mais prenez-y garde; ce n'est point là faire preuve de bonne foi et de prudence : c'est avouer seulement que vous renoncez à toute philosophie sur les sciences. Dans ce cas, ne parlez ni de loi, ni de faits généraux : agissez comme autrefois, et tenez-vous-en à l'observation des faits isolés.

On dit ailleurs : « je rejette telle détermination, et je la remplace par telle autre. » Est-ce donc qu'on puisse se décider dans les sciences par des raisons de convenance? Que dans des recherches sur la figure des nuages, que dans la contemplation de choses aussi indécises et aussi fugitives, on soit dans un dissentiment total sur l'objet d'une même considération, je le conçois. Mais en peut-il être de même de nos déterminations d'organes? et x à chercher, peut-il être indifféremment rendu par a, traduit par b? J'affirme que notre immortel Buffon est né à Monthar le 7 septembre 1707.

Seriez-vous admis à m'opposer votre dissentiment, en recherchant si une autre époque ne conviendrait pas mieux? Avant de l'entreprendre, pourrai-je répondre, commencez par prouver que je me suis trompé.

Sans doute qu'on peut toujours choisir entre plusieurs partis : mais aussi l'on s'expose à saisir le faux au lieu du vrai. Ainsi, M. Magendie arrange une phrase (*Journal de Physiologie*, t. 2, pag. 127), et il croit renverser ma doctrine sur l'analogie des organes.

Eh, quoi! quand il vous arrive de rencontrer réunis plusieurs animaux d'une même classe, comme un cheval, un chat, un chien, etc., si vous ne pouvez les considérer sans vous défendre du sentiment de l'analogie de leurs parties; si chaque organe des sens, ceux de la locomotion, tous autres enfin, existent chez tous ces animaux, se voient chez tous formés de même, agissant de même; s'il n'est pas d'objet distinct qui ne réponde chez l'un comme chez l'autre à l'appel que vous en voudriez faire; et si, cédant à une sorte d'instinct, à une inspiration qui ne puise point ses motifs dans la science, vous n'échappez pas à la nécessité d'appeler du même nom tant de parties correspondantes, vous hésiteriez à croire à une même identité des parties intérieures? Vous hésiteriez, quand il vous faut reconnaître que celles-ci ne sont cependant que les racines de celles-là ; que les unes se continuent dans les autres, et que c'est par les mêmes ressorts qu'agissent en dedans toutes ces parties si manifestement semblables en dehors?

Je ne suis soucieux de conclure que dans la crainte de faire injure à la sagacité du lecteur. Il ne saurait douter que l'étude de l'organisation ne s'appuie sur des règles fondamentales. Aucun arbitraire ne peut s'y introduire; et notre inconnu x sera nécessairement a ou b, l'un à l'exclusion de l'autre, l'un des deux sans la moindre hésitation.

Ces règles, je me suis long-temps occupé d'en rechercher les principes : et si j'ai enfin pris confiance dans quelques-unes de leurs applications ; si l'on m'a vu, aidé de leur secours, conclure quelques déterminations ; et si j'ai donné une forme à ces travaux par des appellations dont la nouveauté d'expression était rendue nécessaire par la nouveauté des objets à faire connaître, je n'ai pas cru que ce fût trop d'un volume pour discuter mes motifs.

En écrivant ceci, ce n'est pas que je songe à me garantir de quelques critiques : j'y vois d'ailleurs trop de difficultés. Comment s'entendre sur les conséquences, si au début l'on diffère sur les principes? Il n'est que trop ordinaire d'être jugé sur des vues nouvelles, qui n'ont point encore été appréciées par le sentiment toujours conservé des anciennes, de l'être par qui se laisse surprendre par des préventions de propre supériorité, et sur la remarque peu réfléchie alors qu'on pense, soi, et qu'on a toujours pensé différemment.

Car c'est à quoi on fait rarement attention : les principes d'une science changent successivement, comme la signification des mots employés à en consacrer les aphorismes. Une semblable révolution était surtout inévitable dans une science aussi peu avancée que l'anatomie générale. On a beau vouloir avec fidélité, avec toute rigueur, s'en tenir à la propre valeur des expressions en usage de son temps, on est original malgré soi; puisque, pour le peu qu'on fasse avancer la science, c'est-à-dire qu'on étende la généralité de ses idées, on étend dans la même raison la portée des termes, qu'un besoin plus restreint avait fait créer avec un caractère de premier âge.

L'hésitation des meilleurs esprits à l'égard de notre position actuelle tiendrait donc au caractère de sa nouveauté. Pour comprendre comment cette position est un effet du temps, et dépend de l'ordre progressif des idées, voyons ce qui fut à l'origine des choses; sachons pourquoi et comment on recourut à l'anatomie.

L'anatomie, comme je la conçois, et comme je pense qu'on l'entendra un jour, je veux dire, l'anatomie dans toute sa généralité, me paraît avoir pris, jusqu'à présent, trois caractères assez distincts; et je puis de suite ajouter que ses trois principales modifications se rapportent en même temps à trois époques successives. Philosophique chez les Grecs, Zoologique de nos jours, et entièrement Médicale peu après la renaissance des lettres en Europe, l'anatomie générale n'intéressa d'abord que comme complétive de la seule anatomie voulue alors : on n'y avait recours, on ne la consultait que pour éclairer quelques points obscurs de l'anatomie humaine.

Cette division de l'anatomie, loin cependant d'en présenter les parties comme indépendantes les unes des autres, nous montre au contraire celles-ci sous l'aspect de trois rameaux sortis d'un seul tronc, de trois écoles produites par une même pensée, par une conviction qui précéda les temps de la science, par le pressentiment, enfin, que tous les êtres sont formés sur un même patron, modifié seulement dans quelques-unes de ses parties.

Aussi, telle l'anatomie fut imaginée dès l'origine, telle elle est restée chez les Grecs. Elle y a conservé son caractère philosophique, sa condition de généralité, de ce que plus près de son berceau, et par conséquent constamment attachée au système de l'uniformité organique, elle ne donna lieu à aucune supposition d'anatomie différente, *humaine, vétérinaire et comparée.*

L'école d'Aristote ne connut effectivement qu'une seule anatomie, que l'anatomie générale; ce qui n'empêcha pas qu'elle n'établît avec une grande sagacité les diversités de beaucoup d'organisations particulières, comme on peut dire que nous n'admettons de même qu'une seule zoologie, que la zoologie générale : ce qui ne nous prive pas non plus de présenter le tableau des classes et des familles, dont il n'est pas plus difficile de donner aussi les différences; puisque pour arriver sur les faits qui caractérisent chaque groupe ou chaque animal en particulier, il n'est besoin que de descendre de la hauteur des considérations les plus générales.

Quiconque imaginerait de dire aujourd'hui *zoologie comparée* révolterait : car on verrait là un pléonasme tout-à-fait insignifiant. S'il en est ainsi, on ne dira pas long-temps encore *anatomie comparée.* A des idées de même ordre, on doit des termes assortis. La zoologie, en effet, est la description des organes extérieurs des animaux, comme l'anatomie est celle de leurs organes intérieurs.

Cette conclusion est rigoureuse : car je regarde comme sans valeur l'objection que l'on pourrait faire, que la zoologie s'étend de plus à d'autres considérations ; parce que si l'on écarte les reliefs oculairement observables des organes, pour s'en tenir à l'objet final, à l'emploi ou au jeu de l'organisation, j'entends pour rester fixé sur les appareils en action, et sur toutes les autres manifestations de la vie, on arrive il est vrai sur les seconds attributs de la zoologie. On se porte sur cette seconde section de la science, traitée de si haut et avec toute la richesse du style le plus harmonieux dans l'Histoire naturelle; sur les mœurs et les habitudes des animaux. Mais à ce moment on se retrouve au même point qu'en anatomie, après qu'on en a épuisé les considérations descriptives : car il y a aussi les actions de ses organes à raconter; ce qu'on exprime par le mot de *fonctions*. Ainsi vous considérez dans les deux cas la forme et le jeu des organes : la forme, qui est proprement le sujet de l'anatomie et de la zoologie descriptives, et le jeu des organes, une seule et même chose, bien que vous l'appeliez fonctions ou habitudes : expressions, quoi que vous fassiez, qui dans cette application ne diffèrent point, ou plutôt qui deviennent synonymes. La zoologie pourrait donc avoir à part sa physiologie tout aussi-bien que l'anatomie. Point de différences dans les résultats, mais seulement dans les termes.

Ce sont là des déductions très-naturelles de ce qui précède. Cependant il n'y a rien d'étonnant à ce qu'elles n'aient point été données plus tôt : elles arrivent à leur heure marquée, comme tout ce qui dépend de la filiation des idées.

Et, en effet, tel est le caractère de notre époque, qu'il devient impossible aujourd'hui de se renfermer sévèrement dans le cadre d'une simple monographie. Étudiez un objet isolé, vous ne pouvez le rapporter qu'à lui-même, et par conséquent vous n'en aurez jamais qu'une connaissance imparfaite. Mais voyez-le au milieu d'êtres qui s'en rapprochent sous plusieurs rapports, et qui s'en éloignent à quelques autres, vous lui découvrirez des relations plus étendues. D'abord vous le connaîtrez mieux, même dans sa spécialité : mais de plus, le considérant dans le centre de sa sphère d'activité, vous saurez comment il se conduit dans son monde extérieur, et tout ce que lui-même reçoit de qualités par la réaction du milieu ambiant.

On s'est bien trouvé de la route suivie jusqu'à présent, de l'observation préalable des faits : mais, dans l'ordre progressif de nos idées, c'est le tour présentement des recherches philosophiques, qui ne sont que l'observation concentrée des mêmes faits, que cette observation étendue à leurs relations et ramenée à la généralité par la découverte de leurs rapports.

La zoologie, qui compose son trésor de la connaissance des formes diversifiées sous lesquelles la vie se reproduit, n'existe véritablement que par des études comparatives. Elle est donc nécessairement *comparée*, comme l'anatomie ne doit et ne peut jamais cesser de l'être, à moins que l'anatomie ne s'en tienne qu'à un seul caractère, à n'être qu'une topographie organique. Dans ce cas, je ne vois plus là qu'une des branches de la science, qu'une partie applicable simplement à l'un des arts de la société, à l'un des plus importans sans doute, puisque c'est sur lui que se fondent la plupart des connaissances hygiéniques. Telle est la portion d'anatomie nécessaire encore plus au chirurgien qu'au médecin.

Ce n'est point d'après ces réflexions, qui eussent exigé plus d'études et plus de maturité que cela n'était possible alors, qu'à la renaissance des lettres en Europe l'on vit la zootomie médicale entrer néanmoins tout aussi franchement que l'anatomie chez les Grecs dans les voies philosophiques de l'analogie. Une seule pensée occupait tous les esprits à ce moment, celle de procurer à la physiologie des fondemens de plus en plus assurés. Mais, comme on n'avait rien imaginé au delà, on fut bien forcé de s'en tenir à la doctrine des Grecs. Une juste défiance de ses forces inspira à cha-

cun cette conduite; et ceci dura tant que, faute
d'une bonne méthode d'exploration, on s'aper-
çut qu'il y avait plus d'avantages à aller puiser
les matériaux de la science dans les chefs-
d'œuvre des Anciens, où on les trouvait élabo-
rés, que dans les ouvrages de la Nature, où on
n'avait point encore appris à les découvrir.

Il n'entre point dans mon sujet d'examiner
comment ce concours d'événemens amena
nécessairement (en anatomie pour sa part,
comme dans tout ce qui était du domaine de
l'esprit) le siècle de l'érudition. Ce qu'il me
suffit de remarquer, c'est que la zootomie médicale se trouva jouir à ce moment d'une position propre à la garantir de bien des écueils,
dont plus tard on eut à connaître le danger.

Ce danger fut occasioné par la multiplicité
des recherches et des directions différentes
de l'esprit humain.

Les premiers érudits avaient moissonné
dans le champ des remarques grammaticales ;
ceux de l'âge suivant donnèrent à leurs inter-
prétations l'autorité de l'observation même
des objets. Ces recherches accessoires ouvrirent
une nouvelle route, et cette route fut presque
aussitôt suivie pour elle-même, jusqu'à faire

oublier comment on y étoit entré. Bientôt il ne fut rien moins question que de reconstruire entièrement l'édifice des sciences : alors commença l'étude des faits particuliers. Les Grecs étaient descendus des rapports de ces faits à la considération de leurs caractères différentiels : ainsi la méthode des modernes fut l'inverse de celle des anciens.

L'anatomie, philosophique chez les Grecs, s'en tint à être monographique dans le dernier siècle. On la ploya à tous nos besoins, et elle devint anatomie *humaine* et anatomie *vétérinaire* au profit des deux principales espèces, sur l'intérêt desquelles était fondée notre économie sociale.

Perrault l'avait comprise dans le même sens que les Grecs ; et, pour la ramener à son caractère primitif, la généralité, il avait conçu l'idée de ces anatomies monographiques des animaux, dont le recueil est placé en tête des Mémoires de l'Académie des sciences. Ce ne pouvait être et ce n'était, dans les idées de ce grand académicien, que des matériaux pour une anatomie générale. Cependant la réunion de ces monographies, où n'étaient que des faits à comparer un jour, fut encore considérée comme une troisième sorte d'anatomie, sous le titre d'*anatomie comparée.*

Enfin cette troisième sorte prit un caractère entièrement zoologique, quand, fécondée par le génie des Camper, des Pallas et des Cuvier, elle fut si habilement et si heureusement employée à la recherche philosophique des rapports naturels des êtres.

C'est dans ces circonstances que je fis paraître le premier volume de ma *Philosophie anatomique.*

J'avais eu quelques raisons pour croire que les nouvelles vues de cet ouvrage n'avaient point obtenu la sanction du plus illustre de nos anatomistes. Je désirais une explication publique : je la sollicitai même dans mes écrits sur les insectes. Quelle fut ma satisfaction, quand le 19 février 1821, j'entendis M. le baron Cuvier, dans un rapport (1) à l'Académie des Sciences, s'exprimer sur les déterminations nouvelles des organes comme j'aurais souhaité le pouvoir faire moi-même. Je vis que nous ne différions que par l'expression, plus heureuse, plus ferme et plus élevée chez

____

(1) Voyez les *Annales générales des Sciences physiques*, publiées à Bruxelles, t. 7, p. 395.

mon savant confrère. Ces idées sont complé-
tives de celles que j'ai désiré présenter dans ce
discours; je les donne ici textuellement.

« Quiconque a pris la peine de rapprocher un
certain nombre d'êtres naturels du même règne ou
de la même classe, a dû s'apercevoir qu'au milieu
de ces innombrables diversités de grandeur, de
forme et de couleur, qu'ils présentent, il règne de
certains rapports dans la structure, la position et
les fonctions respectives des parties, et qu'avec un
peu d'attention on peut suivre ces rapports au
travers des différences qui les masquent quelquefois
pour des regards superficiels.

« Une étude un peu plus approfondie montre
même qu'il existe une sorte de plan général que
l'on peut suivre plus ou moins long-temps dans la
série des êtres, et dont on retrouve quelquefois des
traces dans ceux que l'on croirait les plus anomaux.

« Enfin on est arrivé à reconnaître que les diversités mêmes ne sont pas jetées au hasard parmi les
êtres, mais que celles de chaque partie s'enchaînent
à celles des autres parties d'après certaines lois, et
que la nature et la destination de chaque être, dans
l'ensemble de ce monde, sont déterminées par la
combinaison des diversités qui le caractérisent.

« Ces ressemblances, ces différences et les lois de
leurs combinaisons forment l'objet de la science

spéciale à laquelle on a donné le nom d'*anatomie comparative*, branche très-importante de la science générale de l'organisation et de la vie, base essentielle de toute histoire naturelle particulière des êtres organisés.

« L'un des plus grands génies de l'antiquité, Aristote, fut le créateur de cette science, parce que le premier il l'envisagea de ce point de vue élevé : mais, immédiatement après lui, on négligea entièrement le genre de recherches qui pouvait donner de l'extension à ses idées ; et depuis le renouvellement des sciences, on se livra long-temps et avec raison à des observations partielles plutôt qu'à des méditations générales.

« L'esprit philosophique, qui de nos jours a porté la lumière dans la plupart des sciences d'observation, a rendu l'Anatomie comparative à sa dignité, et en a fait de nouveau la régulatrice de la zoologie : aussi remarque-t-on, depuis quelques années, un grand mouvement à son sujet. Les observations les plus précieuses se recueillent, les rapports les plus délicats se saisissent : tout ce que l'on a découvert d'imprévu et en quelque sorte de merveilleux a semblé justifier la plus grande hardiesse dans les conceptions ; elles sont allées, pour ainsi dire, jusqu'à la témérité ; et déjà l'on a vu des philosophes vouloir non-seulement lier ensemble tous les êtres animés par des analogies successives, mais déduire *à priori* la composition générale et particulière des lois universelles de l'Ontologie et de la métaphysique la plus abstruse. Quiconque a un peu étudié l'histoire de l'esprit humain, sans partager toutes les vues des auteurs de ces tentatives, en félicitera cependant les sciences naturelles. Bien des hommes n'entreraient pas dans une route si pénible, si de grandes espérances n'excitaient leur ardeur.

« Il est aisé de prévoir, et déjà l'expérience le prouve, que de bons fruits en résulteront infailliblement : quand bien même leurs auteurs n'atteindraient pas leur but, ils auraient toujours sur la route recueilli une infinité de faits et de vues qui n'en seraient pas moins pour la science des richesses solides.

« Ainsi, dès à présent, personne ne peut douter que le crâne des animaux vertébrés ne soit ramené à une structure uniforme, et que les lois de ses variations ne soient déterminées, etc. »

Telle est, sur les matières de nos méditations habituelles, l'exposé des derniers efforts de l'esprit humain, fait de haut, et comme il appartenait à un grand talent de le présenter.

Cependant, que nous appartient-il dans ce mouvement général des esprits? Nous le dirons, sans affecter de fausse modestie. On voulait ne pas s'écarter de la route Aristotélique;

mais on manquait de règles qui pussent gui-
der dans le voyage. C'est sur ces entrefaites
que je fis connaître une *Nouvelle méthode* pour
parvenir plus directement et plus sûrement
qu'on ne le pouvait faire auparavant, à une
réelle *détermination des organes*.

Cette méthode, véritable instrument de dé-
couvertes, se compose de l'intime association
de quatre règles ou principes, dont j'ai con-
centré la définition sous les formes appella-
tives suivantes :

*La théorie des analogues, le principe des
connexions, les affinités électives des élémens
organiques, et le balancement des organes.*

1° Le premier de ces principes fait la base de
la doctrine d'Aristote; mais, reposant moins
sur une démonstration que sur un sentiment,
il devoit être et il fut le plus souvent aban-
donné dans la pratique. Il fallait, en effet, se
renfermer bien strictement dans la considération des êtres d'une même Classe, ou plus véritablement dans celle des êtres d'un même
Ordre, si l'on ne voulait point voir arriver de
toutes parts de nombreuses exceptions qui dé-
truisaient l'universalité de la règle. Sans cela,
eût-on jamais songé à inventer une anatomie

vétérinaire distincte de l'anatomie humaine? Mais j'ai régénéré ce principe et je lui ai procuré une toute-puissance d'application, en démontrant que ce n'est pas toujours les organes en leur totalité, mais alors les matériaux seulement dont chaque organe est composé, qui se ramènent à l'identité. C'est donc entendue de la sorte, que la pensée philosophique de l'analogie de l'organisation constitue ma première règle, dite *théorie des analogues.*

2° Mais de plus, j'ai donné à cette règle un appui nécessaire, et sans lequel, en effet, la théorie des analogues n'eût paru qu'une vue de l'esprit, c'est le *principe des connexions.* On parlait autrefois d'analogie, sans savoir quoi en particulier était analogue. On se rabattait, faute de mieux, sur la considération des formes, en ne paraissant pas s'apercevoir que la forme est fugitive d'un animal à l'autre. J'aurai donc fourni aux considérations d'analogie une base qui leur avait manqué jusqu'alors, quand je proposai de faire porter les recherches *uniquement* (page 447) sur la dépendance mutuelle, nécessaire, et par conséquent invariable des parties.

3° Les matériaux de l'organisation se groupent entre eux pour former un organe, comme des maisons s'agglomèrent pour composer une cité. Mais divisez, comme on l'a fait à Paris, cette cité en plusieurs gouvernemens municipaux, ce ne sera point arbitrairement, mais toujours par une nécessité de position, que les habitations, ou que nos matériaux organiques seront distribués. Cette nécessité qui astreint les élémens qui se touchent à accepter les effets d'une convenance réciproque, est ce que j'entends par *affinité élective des élémens organiques*. Voyez pour plus de détails le paragraphe de la page 387.

4° Enfin, j'appelle balancement entre le volume des masses organiques, et par contraction *balancement des organes*, cette loi de la nature vivante, en vertu de laquelle un organe normal ou pathologique n'acquiert jamais une prospérité extraordinaire, qu'un autre de son système ou de ses relations n'en souffre dans une même raison. Je reviens souvent sur cette idée; mais j'en ai fait, page 244, le sujet de réflexions particulières.

Je ne puis douter de l'utilité pratique de ces quatre règles : je les ai éprouvées jusque sur des sujets, où je croyais bien que s'arrêtait leur faculté d'investigation; savoir, quand je

cherchais par elles à me rendre compte des
faits les plus disparates de l'organisation régu-
lière, des rapports qu'ont les insectes avec les
animaux déclarés seuls en possession du système vertébral, ou quand j'en vins à étudier,
dans les faits de la monstruosité, l'organisation la plus aventureuse et la plus désor-
donnée.

Mais ce n'était point à des succès partiels
que la *nouvelle méthode* devait se borner : car,
à quelque système d'organisation qu'on l'ap-
plique, et généralement sur quelque point
qu'on en dirige l'action, elle donne des résultats identiques. Elle porte à reproduire comme
un fait acquis *à posteriori*, l'idée *à priori*, l'idée-
mère et fondamentale de la philosophie de
Leibnitz; idée que ce vaste génie renfermait
dans cette expression, *la variété dans l'unité*.

Ce résultat général et définitif de mes déterminations d'organes, est devenu la conclusion la plus élevée de mes recherches; haute
manifestation de l'essence des choses, que j'ai
exprimée et proclamée sous le nom d'*Unité de
composition organique*.

A PARIS, DE L'IMPRIMERIE DE RIGNOUX,
Rue des Francs-Bourgeois-St-Michel, n° 8.